Mi primera Biblia
Historias del Nuevo Testamento

My first Bible
Stories from the New Testament

Escrito por Katherine Sully

Written by Katherine Sully

Ilustrado por Simona Sanfilippo

Illustrated by Simona Sanfilippo

EB
ublishing

Consultora /Consultant: Fiona Moss, RE Adviser at RE Today Services
Editora /Editor: Cathy Jones
Diseñadora /Designer: Chris Fraser

Publicado en los Estados Unidos por
QEB Publishing, Inc.
3 Wrigley, Suite A
Irvine, CA 92618

www.qed-publishing.co.uk

Información disponible sobre el registro CIP de la Biblioteca del Congreso.

ISBN 978 1 60992 4256

Impreso en China

CONTENIDO

CONTENTS

El nacimiento de Jesús
The Birth of Jesus

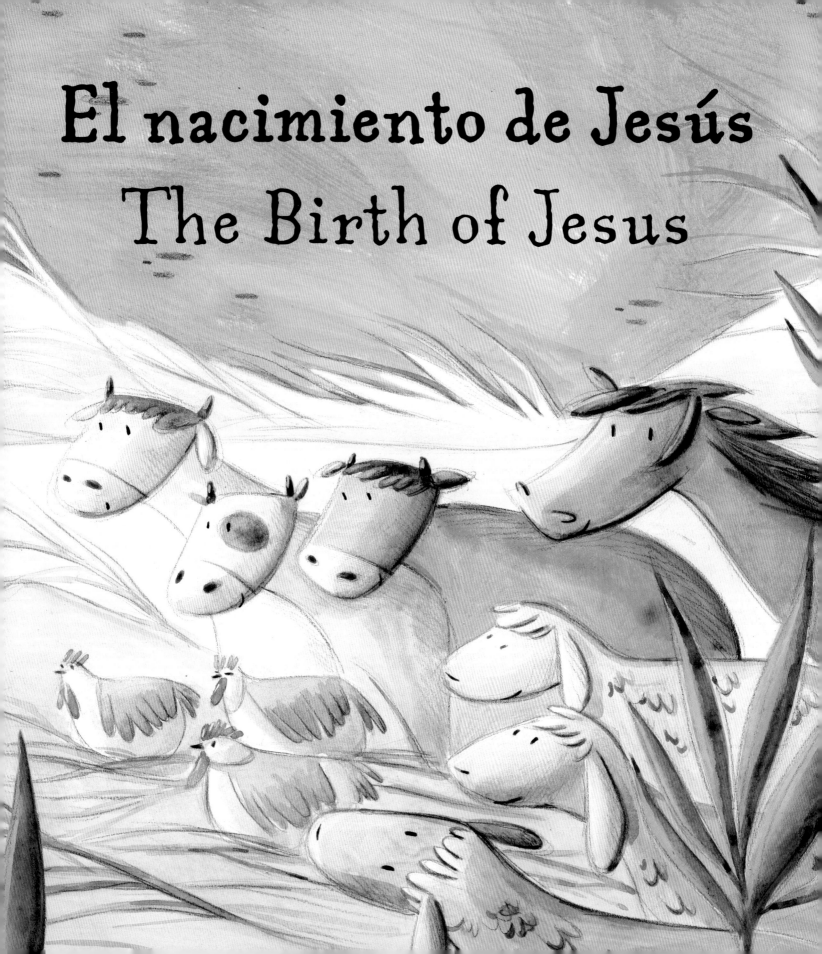

Hace mucho tiempo, en la ciudad de Nazaret,
vivía una joven llamada María.
Un día, a María se le apareció un ángel.

Long ago, in the town of Nazareth,
lived a young woman called Mary.
One day, an angel appeared to Mary.

El ángel Gabriel dijo:
—No tengas miedo, María
te traigo buenas noticias.

The angel Gabriel said:
"Don't be afraid, Mary.
I bring you good news.

—Dios te eligió para ser la madre de Cristo nuestro Señor, el Rey de los Judíos —dijo Gabriel—. Lo llamarás Jesús. —Haré lo que Dios me pida —dijo María.

"God chose you to be the mother of Christ our Lord,
The King of the Jews," said Gabriel.
"You will name him Jesus."
"I will do as God asks," said Mary.

Ahora bien, María se iba a casar con José, el carpintero. ¿Qué diría José sobre el bebé que iba a tener María?

Now, Mary was engaged to marry Joseph, the carpenter. What would Joseph think about Mary having a baby?

José estaba enojado. Pero una noche, tuvo un sueño. Soñó que un ángel le decía que el bebé de María lo había enviado Dios.

Joseph was upset. But then, one night, he had a dream. In his dream an angel told him all about Mary's baby coming from God.

—El bebé se llamará Jesús —dijo el ángel. Cuando José se despertó, lo entendió.

"The baby's name will be Jesus," said the angel.
When Joseph woke up, he understood.

Así que José y María se casaron.

So Joseph and Mary were married.

En aquella época, todos tenían que apuntarse en sus pueblos para pagar impuestos. María y José tenían que ir al pueblo de José.

At this time, everyone had to be counted in their towns so that they could pay taxes. Mary and Joseph had to go to Joseph's hometown.

María estaba embarazada y a punto de tener el bebé. Ella iba encima de un burro. Fue un viaje largo y cansado.

Mary was pregnant and almost ready to have her baby. So she rode on a donkey. It was a long, tiring journey.

Viajaron desde Nazaret a Belén.

They traveled all the way from Nazareth to Bethlehem.

11

Cuando María y José por fin
llegaron a Belén, las calles estaban
llenas de gente.

When, at last, Mary and Joseph
arrived in Bethlehem, the
streets were crowded.

No quedaban habitaciones en la posada.

There was no room left at the inn.

¿Qué podían hacer?
¿Dónde se iban a quedar?

What could they do?
Where could they stay?

José encontró un establo y María se acomodó en la paja.

Joseph found a stable and Mary settled down in the straw.

Esa noche, nació el niño Jesús en el establo.
María meció al bebé en sus brazos.

That night, baby Jesus was born in the stable.
Mary rocked the baby in her arms.

Después lo envolvió en mantas y lo puso con
mucho cuidado en un pesebre con paja.

Then she wrapped him in blankets and laid
him gently in a manger of hay.

Esa misma noche, unos pastores estaban cuidando sus ovejas.

The same night, some shepherds were looking after their sheep.

De pronto, se asustaron. En el cielo apareció un grupo de ángeles cantando.

Suddenly, they were afraid. A crowd of singing angels appeared in the sky.

16

—No tengan miedo,
traigo buenas noticias.
Ha nacido Cristo nuestro Señor,
el Rey de los Judíos
—dijo un ángel—.
Lo encontrarán en un pesebre.

"Don't be afraid,
I bring you good news.
Christ our Lord,
the King of the Jews was born,"
sang an angel.
"You will find him in a manger."

17

Los pastores corrieron a
Belén para ver si era verdad.

The shepherds hurried to
Bethlehem to see if it was true.

¡Y era verdad!
Encontraron al niño Jesús
acostado en un pesebre.

And it was true!
They found baby Jesus
lying in a manger.

18

Los pastores le dieron gracias a Dios y salieron
a contar a todos la noticia.

The shepherds thanked God and went
to tell everyone their story.

19

Lejos de Belén, tres reyes magos de Oriente vieron
una estrella que brillaba mucho en el cielo.

Far from Bethlehem, three wise kings from
the east saw a bright star in the night sky.

La estrella era una
señal: había nacido el
nuevo Rey de los Judíos.

The star was a sign
—a new King of the
Jews had been born.

Comenzaron un largo viaje a
Jerusalén para ver al rey Herodes.
¡Seguro que ya lo sabía!

They set off on a long
journey to Jerusalem
to see King Herod.
He would know all about it!

21

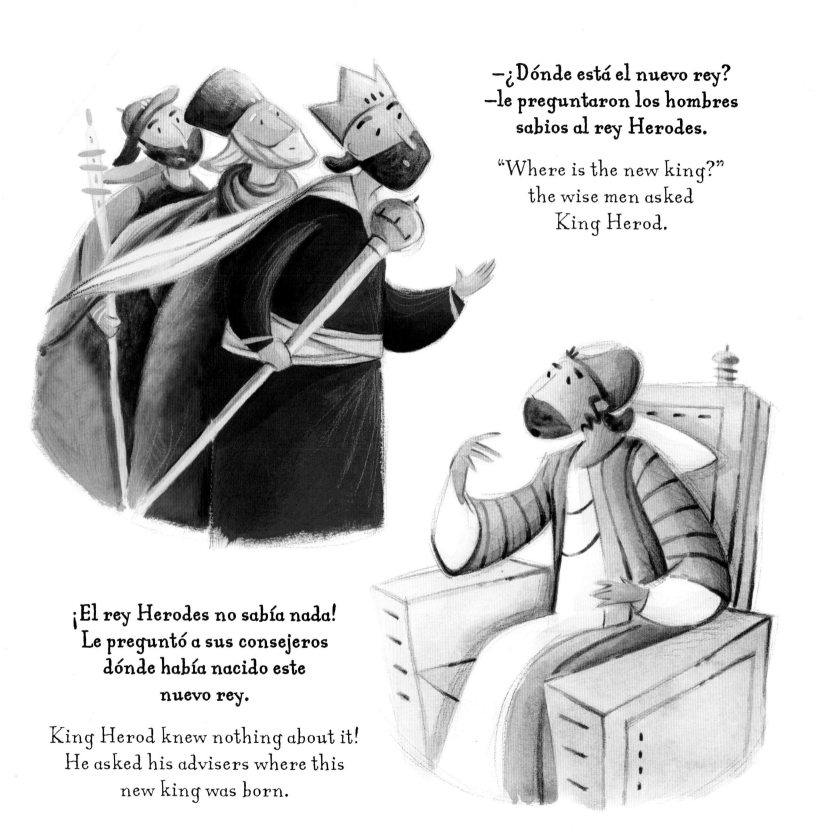

—¿Dónde está el nuevo rey?
—le preguntaron los hombres
sabios al rey Herodes.

"Where is the new king?"
the wise men asked
King Herod.

¡El rey Herodes no sabía nada!
Le preguntó a sus consejeros
dónde había nacido este
nuevo rey.

King Herod knew nothing about it!
He asked his advisers where this
new king was born.

22

—Dicen que en Belén —dijeron.
Así que el rey Herodes envió a los
tres reyes a Belén.

"In Bethlehem, so it is told," they said.
So, King Herod sent the three kings
to Bethlehem.

—Avísenme cuando lo encuentren —dijo el Rey.
Herodes no quería que nadie más fuera el rey.

"Tell me when you find him," said King Herod.
He didn't want anyone else to be king.

23

Los tres reyes siguieron a la estrella hasta Belén, donde se detuvo encima de un establo.

The three kings followed the star to Bethlehem until it shone above a stable.

Los reyes encontraron a María y a Jesús dentro del establo.

The kings found Mary and Jesus inside the stable.

Se arrodillaron y le regalaron oro, incienso y mirra.

They bowed down and gave him gifts of gold, frankincense, and myrrh.

24

En un sueño, a los reyes les dijeron que no debían decirle al rey Herodes dónde vivía Jesús. Así que regresaron de directamente a su casa.

In a dream, the kings were warned not to tell King Herod where Jesus lived. So they went straight home.

José llevó a María y al niño Jesús a Egipto, donde estaban a salvo del rey Herodes.

Joseph took Mary and baby Jesus to Egypt, where they were safe from King Herod.

25

Siguientes pasos

Vuelve a mirar el libro para hablar de lo que has leído.

★ Copia las acciones. Haz lo que hacen los personajes: mece al niño Jesús en tus brazos, arrodíllate, sigue la estrella.

★ Cuenta de tres en tres. Cuenta tres ovejas, tres gallinas, tres pastores, tres reyes.

★ Nombra los colores. ¿De qué colores es la ropa de los ángeles? Busca esos colores en otras páginas del libro.

★ Formas y tamaños. Busca una oveja grande, una mediana y una pequeña.

Ahora que has leído la historia... ¿qué recuerdas?

★ ¿Quién le dijo a María que iba a tener un bebé?

★ ¿Cómo tenía que llamar María al bebé?

★ ¿Quién era José?

★ ¿Dónde nació Jesús?

★ ¿Cómo se enteraron los pastores de que había nacido Jesús?

★ ¿Cómo encontraron los tres reyes a Jesús?

¿Cuál es el mensaje de la historia?

Dios envió al niño Jesús para que fuera Cristo nuestro Señor.

Next Steps

Look back through the book to find more to talk about and join in with.

★ Copy the actions. Do the actions with the characters—rock the baby Jesus in your arms; bow down; follow the star.

★ Count in threes. Count three sheep, three hens, three shepherds, three kings.

★ Name the colors. What colors are the angels wearing? Look back to spot the colors on other pages.

★All shapes and sizes. Look for a big, a middle-size and a small sheep.

Now that you've read the story... what do you remember?

★ Who told Mary that she was going to have a baby?

★ What name was Mary to give the baby?

★ Who was Joseph?

★ Where was Jesus born?

★ How were the shepherds told about Jesus?

★ How did the three kings find Jesus?

What does the story tell us?

God sent us the baby Jesus to be Christ our Lord.

El bautizo de Jesús
The Baptism of Jesus

Jesús tenía un primo llamado Juan. Juan viajaba por el desierto predicando.

Jesus had a cousin called John. John traveled through the desert preaching.

No tenía ropa buena ni comida.
Su ropa estaba hecha de pelo de camello y la ataba
a la cintura con un cinturón de cuero.

He had no fine clothes or food.
His clothes were made of camel hair tied
around his waist with a leather belt.

28

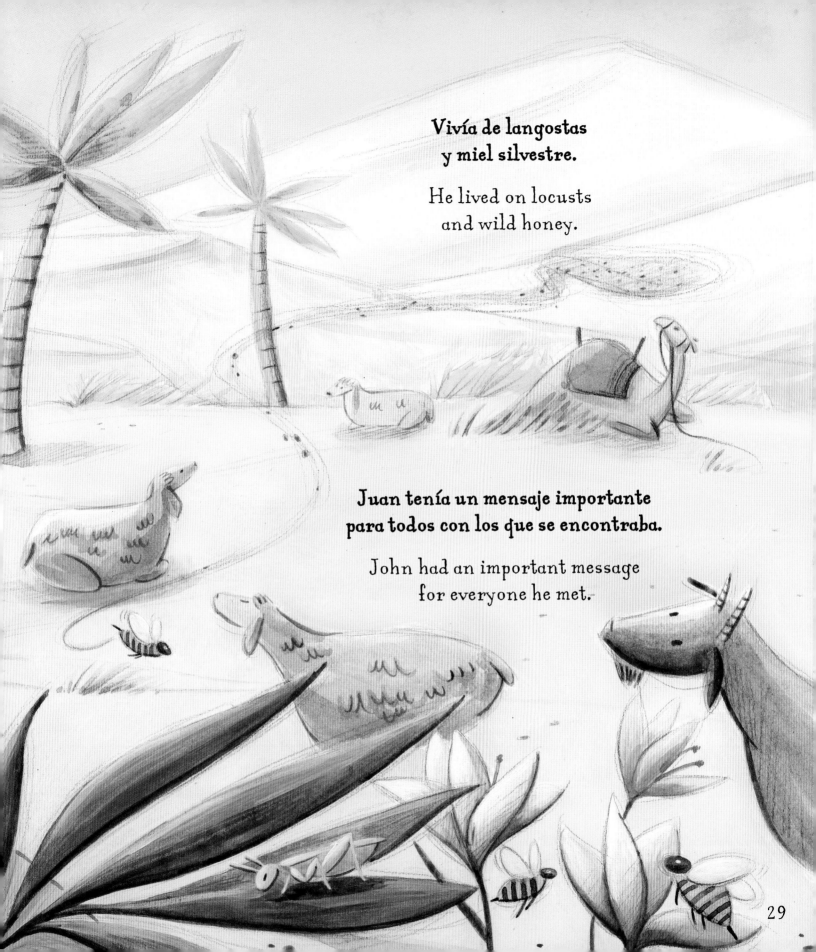

Vivía de langostas
y miel silvestre.

He lived on locusts
and wild honey.

Juan tenía un mensaje importante
para todos con los que se encontraba.

John had an important message
for everyone he met.

29

Juan les decía: —Pidan a Dios que les perdone
por todas las malas decisiones que han tomado,
vivan una vida mejor y podrán ir al reino de los cielos.

John told them, "Ask God to forgive all the
bad choices you have made, live a better life
and it will lead to the kingdom of heaven."

—¿Cómo hacemos eso? —preguntó la gente.
—Vengan hoy al río y lavaré sus pecados —dijo Juan.

"How do we do that?" asked the crowd.
"Come to the river today, and I'll wash
your sins away," said John.

31

Día tras día, llegaba la gente desde muy lejos al río Jordán.

Day after day, people came from far and wide to the River Jordan.

**Uno a uno, Juan los metía en el río
para lavar sus pecados.**

One by one, John dipped them in the
river to wash away their sins.

—Te bautizo con agua —decía—, pero alguien más vendrá después y te bautizará con el amor de Dios.
La gente se preguntaba qué querría decir.

"I am baptizing you with water," he said, "but someone else will come after me who will baptize you with God's love."
The people wondered who he could mean.

Un día, llegó Jesús desde Galilea al río Jordán para lo que bautizara.

One day, Jesus came from Galilee to the River Jordan to be baptized.

—¿Por qué quieres que yo te bautice? —le preguntó Juan—.
Eres tú quien debería bautizarme a mí.

"Why do you want me to baptize you?" asked John.
"You should be baptizing me."

—Hoy he venido al río a lavar
mis pecados —dijo Jesús.

"I have come to the river
today, to wash my sins
away," said Jesus.

Así que Juan bautizó a
Jesús en el río Jordán.

So John baptized Jesus in
the River Jordan.

35

En cuanto bautizó a Jesús, el cielo se abrió y el amor
de Dios bajó en forma de paloma.
Una voz desde el cielo dijo:
—Este es mi Hijo, al que amo.

As soon as Jesus was baptized, heaven opened,
and God's love came down like a dove.
A voice from heaven said,
"This is my Son, whom I love."

"¿Será este hombre, Jesús, el Hijo de Dios?"
se preguntó la gente.

Could this man, Jesus, be the Son of God,
the people wondered.

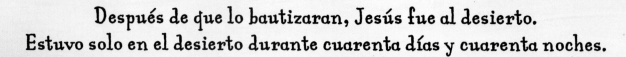

Después de que lo bautizaran, Jesús fue al desierto.
Estuvo solo en el desierto durante cuarenta días y cuarenta noches.

After he was baptized, Jesus went into the desert.
For forty days and forty nights, he was alone in the desert.

El sol calentaba con fuerza y el
viento del desierto soplaba.

The hot sun beat down
and the desert wind blew.

Jesús tuvo mucho tiempo
para pensar, pero no tenía
nada para comer.
Tenía mucha hambre.

He had plenty of time to
think, but Jesus
had nothing to eat.
He was very hungry.

39

Justo entonces, apareció el demonio para tentar a
Jesús con malos pensamientos.

Just then, the devil came to test
Jesus with bad thoughts.

40

Le susurró a Jesús en el oído:
—Si eres el Hijo de Dios, haz que estas piedras
se conviertan en pan.

He whispered in Jesus' ear,
"If you are the Son of God, tell
these stones to become bread."

Pero Jesús contestó:
—No podemos vivir sólo de pan.
También necesitamos el amor de Dios.

But Jesus replied,
"We can't live just on bread.
We need God's love, too."

El demonio llevó a Jesús a una torre muy alta.

The devil took Jesus to a high tower.

42

Entonces el demonio le susurró por segunda vez:
—Si eres el Hijo de Dios —dijo—, lánzate desde esta torre.
Los ángeles de Dios te recogerán.

Then the devil whispered a second time,
"If you are the Son of God," he said, "throw yourself off this tower.
God's angels will catch you."

Pero Jesús contestó: —Si confiamos en Dios,
no necesitamos ponerle a prueba.

But Jesus replied, "If we have trust in God,
we don't need to test Him."

43

El demonio llevó a Jesús a la cima de una montaña.
Por tercera vez, el demonio susurró:
—Si me adoras a mí, te daré todos los reinos del mundo.

The devil took Jesus to a mountaintop. For a third time, the devil whispered,
"If you worship me, I will give you all the kingdoms of the world."

Pero Jesús contestó: —¡No, vete! Sólo debemos adorar a Dios.

But Jesus replied, "No, go away! We should only worship God."

**Jesús echó al demonio.
Entonces aparecieron unos ángeles para cuidarlo.**

Jesus pushed away the devil.
Then angels came and looked after him.

Cuando Jesús regresó del desierto, le dieron malas noticias. Su primo, Juan, había hablado mal del Rey y lo habían metido en la cárcel.

When Jesus came back from the desert, he received bad news. His cousin, John, had spoken out against the King and had been put in prison.

Jesús recordó lo que Juan había dicho.

Jesus remembered what John had said.

A partir de ese momento, Jesús les decía a todos con los que se encontraba:
—Pidan a Dios que les perdone por todas las decisiones malas que han
tomado, vivan una vida mejor y podrán ir al reino de los cielos.

From that time on, Jesus told everyone he met,
"Ask God to forgive all the bad choices you have made, live
a better life and it will lead to the kingdom of heaven."

47

Siguientes pasos

Vuelve a mirar el libro para hablar de lo que has leído.

★ Copia las acciones. Haz lo que hacen los personajes: haz como si le echaras agua a alguien en la cabeza; mueve las alas como una paloma; susurra a alguien al oído.

★ Cuenta de tres en tres y de cuatro en cuatro. Cuenta las ovejas, las gallinas y los niños.

★ Nombra los colores. ¿De qué colores es la ropa de la gente?

★ Formas y tamaños. Busca las ovejas y las gallinas grandes, medianas y pequeñas.

Ahora que has leído la historia... ¿qué recuerdas?

★ ¿Quién era Juan?
★ ¿Por qué le llamaban Juan Bautista?
★ ¿Dónde bautizó a Jesús?
★ ¿Qué pasó cuando bautizó a Jesús?
★ ¿Quién tentó a Jesús y cuántas veces lo tentó?
★ ¿Qué le dijo Jesús a la gente que Juan Bautista le había dicho a él?

¿Cuál es el mensaje de la historia?
Jesús fue el elegido de Dios y pusieron a prueba su confianza en Dios.

Next Steps

Look back through the book to find more to talk about and join in with.

★ Copy the actions. Do the actions with the characters—pretend to sprinkle water on someone's head; pretend to flap your wings like a dove; whisper in someone's ear.

★ Count in threes or fours. Count the sheep, the hens, the children.

★ Name the colors. What colors can you find in the crowd?

★ All shapes and sizes. Look for big, middle-size and small sheep and hens.

Now that you've read the story... what do you remember?

★ Who was John?
★ Why was he called John the Baptist?
★ Where was Jesus baptized?
★ What happened when Jesus was baptized?
★ Who tempted Jesus and how many times was he tempted?
★ What did Jesus tell people that John the Baptist had told him?

What does the story tell us?
Jesus was chosen by God and his trust in God was tested.

Jesús y sus apóstoles
Jesus and his Apostles

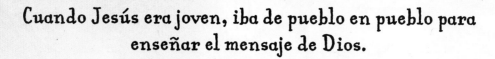

Cuando Jesús era joven, iba de pueblo en pueblo para
enseñar el mensaje de Dios.

When Jesus was a young man, he traveled from village to
village teaching God's message.

Allá donde fuera, la gente acudía a escuchar sus historias.

Wherever he went, people came to hear the stories he told.

Pronto, mucha gente había oído hablar de Jesús.
Cuando llegaba a un pueblo, la gente se aglomeraba
rápidamente para conocerlo.

Soon, lots of people had heard about Jesus.
Whenever he arrived in a village, a crowd
quickly gathered to meet him.

Un día, una gran multitud siguió a Jesús hasta el lago. No había sitio para todos, así que Jesús le preguntó a un hombre llamado Pedro si podía usar su barca.

One day, a big crowd followed Jesus down to the lake. There wasn't enough room for everybody so Jesus asked a man called Peter if he could use his boat.

Pedro empujó la barca
y la metió en el agua.
Ahora todos podían ver y oír a Jesús.

Peter pushed the boat
a little way into the water.
Now everyone could see and hear Jesus.

53

Mientras Jesús hablaba con la gente, los otros pescadores recogían sus redes.

While Jesus was teaching the crowd, the other fishermen were putting their nets away.

Cuando Jesús terminó, le dijo a Pedro:
—Lleva tu barca donde el agua es profunda y lanza tu red.

When Jesus had finished, he said to Peter,
"Take the boat out into deep water and cast your net."

54

—Estuvimos pescando toda la noche y no conseguimos nada —dijo Pedro—. Pero si tú lo dices...

"We fished all night and caught nothing," said Peter. "But if you say so..."

Pedro navegó hasta la parte más profunda del
lago y lanzó su red.

Peter sailed to the deepest part of the lake
and cast his net.

¡Muy pronto, la red se llenó de peces!
La red estaba tan llena que se rompió.

Soon the net was full of fish!
It was so full that the net broke.

56

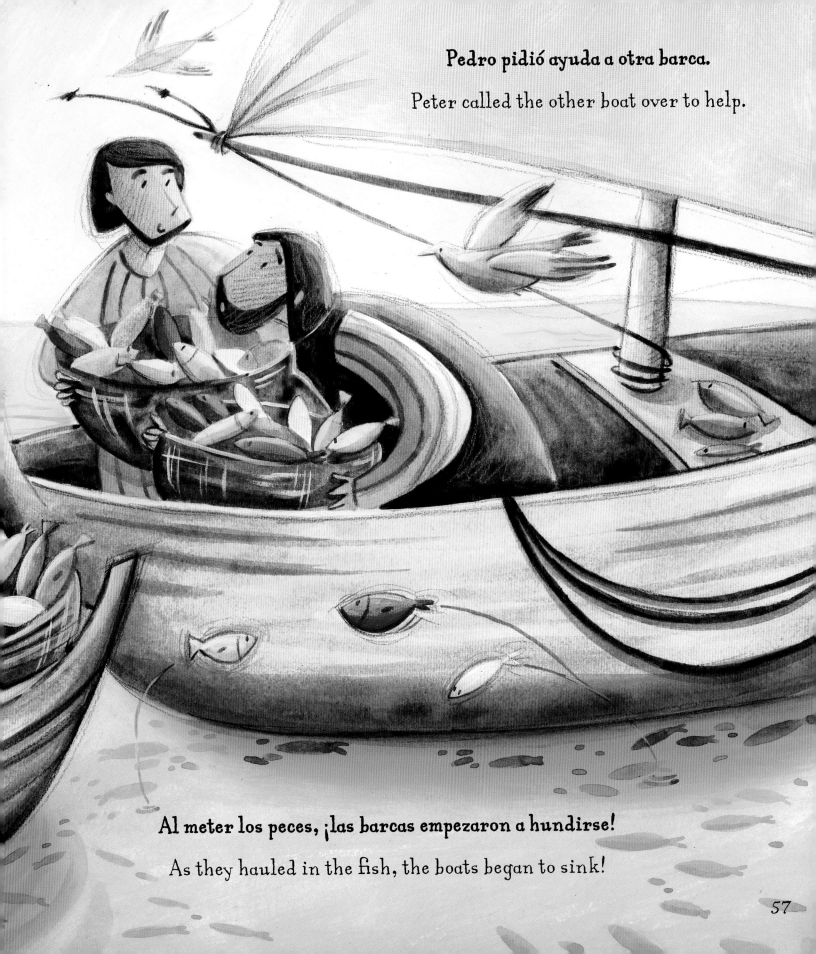

Pedro pidió ayuda a otra barca.

Peter called the other boat over to help.

Al meter los peces, ¡las barcas empezaron a hundirse!

As they hauled in the fish, the boats began to sink!

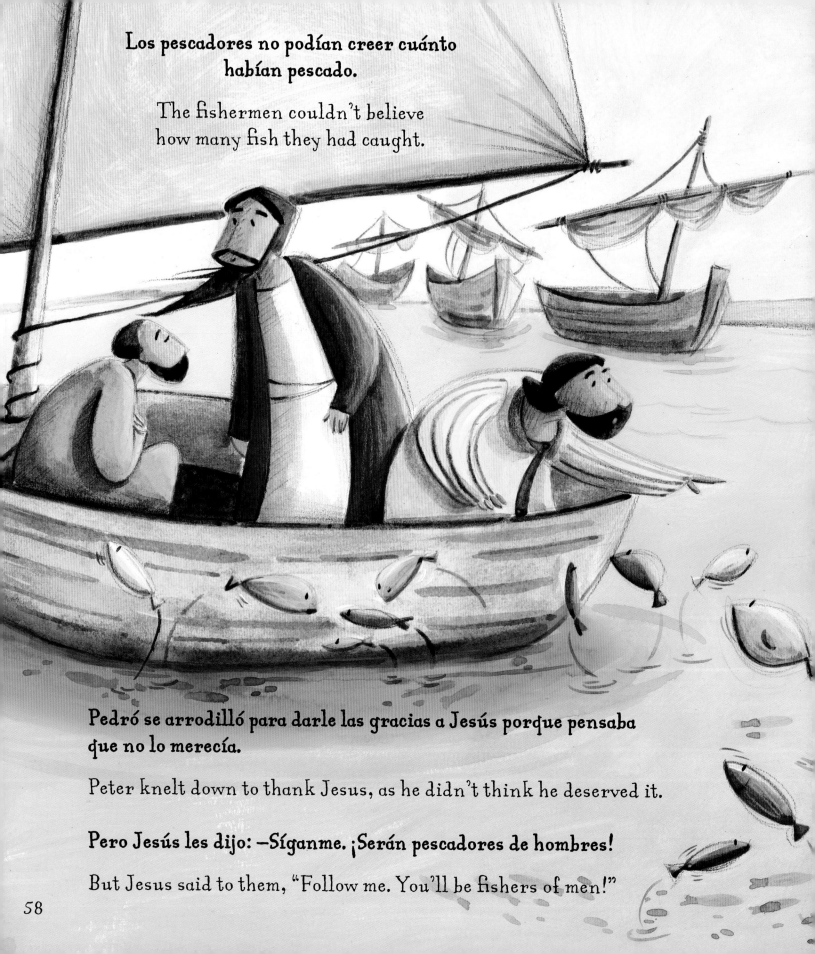

Los pescadores no podían creer cuánto habían pescado.

The fishermen couldn't believe how many fish they had caught.

Pedró se arrodilló para darle las gracias a Jesús porque pensaba que no lo merecía.

Peter knelt down to thank Jesus, as he didn't think he deserved it.

Pero Jesús les dijo: —Síganme. ¡Serán pescadores de hombres!

But Jesus said to them, "Follow me. You'll be fishers of men!"

Cuando llegaron a la costa, Pedro y los otros pescadores, Andrés, Santiago, y Juan, dejaron sus barcas para seguir a Jesús.

When they reached the shore, Peter and the other fishermen, Andrew, James, and John, left their boats to follow Jesus.

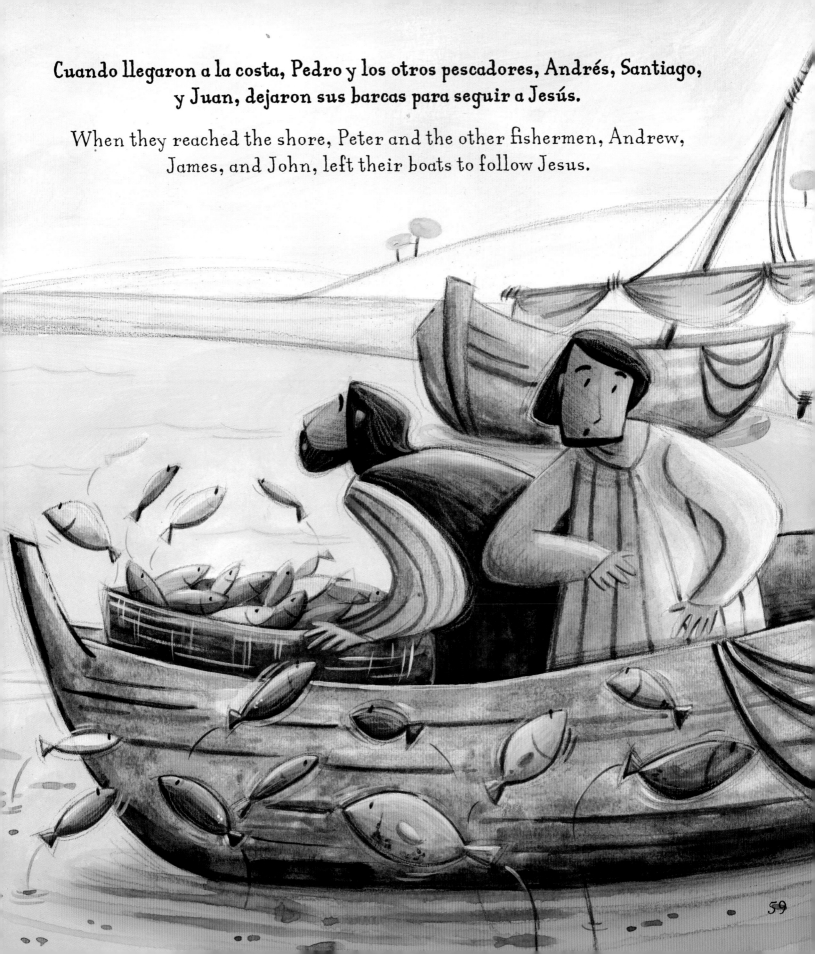

Jesús eligió doce apóstoles entre sus muchos seguidores:

Jesus chose twelve apostles from his
many followers:

Andrés, el hermano de Pedro
Andrew, Peter's brother

Felipe
Philip

Bartolomé
Bartholomew

Pedro
Peter

Santiago
James

Juan, el hermano de Santiago
John, James's brother

Tomás
Thomas

Mateo
Matthew

Santiago, el Menor
James, the younger

Tadeo
Thaddaeus

Simón
Simon

Judas
Judas

—Síganme y serán los mensajeros de Dios —dijo Jesús.

"Follow me then you'll be God's messengers," said Jesus.

61

Un día, Jesús contó una historia:
—Una vez, un granjero plantó unas semillas. Algunas cayeron en el camino y los pájaros se las comieron, otras cayeron encima de unas piedras y otras cayeron entre las malas hierbas.

One day, Jesus told a story:
"Once, a farmer sowed some seeds. Some fell on the path where birds pecked them, some fell on stony ground, and some fell in the weeds.

—Pero algunas semillas cayeron en tierra fértil.

But some seeds fell on good soil."

—¿Qué quiere decir la historia? —preguntaron sus apóstoles.

"What does the story mean?" asked the apostles.

—Las semillas son las cosas que Dios nos dice. A veces la gente no quiere escuchar lo que dice Dios, como las semillas del camino.

"The seeds are the things that God tells us. Sometimes people don't want to listen to what God says, like the seeds on the path.

—A veces la gente se olvida de lo que les dijo Dios, como las semillas de las piedras.

Sometimes people forget what God tells them, like the seeds on the stony ground.

—A veces la gente está demasiado ocupada para escuchar a Dios, como las semillas de las malas hierbas.

Sometimes people are too busy to listen to God, like the seeds in the weeds.

—Pero la gente que escucha a Dios se hace más fuerte, como las semillas de la tierra fértil.

But the people who listen to God grow stronger, like the seeds that fell on good soil."

Todo tipo de personas iba a escuchar a Jesús, incluso algunas personas malas.

All kinds of people came to listen to Jesus, even bad people.

—¿Por qué pierdes el tiempo con estas personas malas?
—le preguntaron a Jesús. Él contó una historia para que
todos lo entendieran.

"Why do you waste time on these bad people?" Jesus was asked.
He told a story to help everyone understand.

—Una vez, un pastor estaba cuidando cien ovejas.
Las contó, noventa y nueve...
faltaba una.

"Once, a shepherd was looking after a hundred sheep.
He counted them up to ninety-nine...
there was one missing.

—Así que guardó su rebaño en un lugar seguro y fue a buscar la oveja perdida.

So he made sure his flock was safe and went to search for the one lost sheep.

—El pastor buscó y buscó hasta que encontró
a la oveja perdida.

"The shepherd searched and searched until
he found the lost sheep.

—Estaba muy contento y la
cargó en sus hombros hasta
su casa.

He was very happy and
carried it over his shoulders
all the way home.

68

—Dios es como el pastor. Se preocupa por las personas malas.
Se pone contento cuando las encuentra y triste por lo que han hecho.

"God is like the shepherd. He worries for the bad people and is
overjoyed when they are found and sorry for what they have done."

69

Siguientes pasos

Vuelve a mirar el libro para hablar de lo que has leído.

* Copia las acciones. Haz lo que hacen los personajes: lanza las redes de pesca; esparce las semillas; busca la oveja.

* Cuenta los apóstoles. ¿Sabes cómo se llaman los doce apóstoles?

* Nombra los colores. ¿De qué colores son los peces? Busca esos colores en las otras páginas.

* Formas y tamaños. Busca peces y pájaros grandes, medianos y pequeños.

Ahora que has leído la historia... ¿qué recuerdas?

* ¿Por qué se metió Jesús en la barca de Pedro?

* ¿Qué pasó cuando Pedro levantó sus redes de pesca?

* ¿Cuántos apóstoles eligió Jesús?

* ¿Qué pasó con las semillas que cayeron en las piedras?

* ¿Qué pasó con las semillas que cayeron en la tierra fértil?

* ¿Quién encontró la oveja perdida?

¿Cuál es el mensaje de la historia?

Jesús eligió a doce hombres buenos para que lo ayudaran a propagar el mensaje de Dios.

Next Steps

Look back through the book to find more to talk about and join in with.

* Copy the actions. Do the actions with the characters—haul up the fishing nets; scatter the seeds; search for sheep.

* Count the apostles. Can you name all twelve of them?

* Name the colors. What colors are the fish? Look back to spot the colors on other pages.

* All shapes and sizes. Look for big, middle-sized and small fish and birds.

Now that you've read the story... what do you remember?

* Why did Jesus get into Peter's boat?

* What happened when Peter pulled up his fishing nets?

* How many apostles did Jesus choose?

* What happened to the seeds that fell on stony ground?

* What happened to the seeds that fell on good soil?

* Who found the lost sheep?

What does the story tell us?

Jesus chose twelve good men to help him spread God's message.

Los milagros de Jesús
The Miracles of Jesus

A Jesús le encantaba enseñar el mensaje de Dios
y a la gente le encantaba escucharlo.

Jesus loved to teach God's message
and people loved to listen to him.

Le seguían a todas partes.

They followed him everywhere.

Pero un día, Jesús estaba triste porque su primo,
Juan, había muerto.
Jesús se subió a un bote para descansar y rezar.

But one day, Jesus was sad because his cousin,
John, had died.
Jesus got on a boat to rest and pray.

Cuando regresó a la costa, la gente seguía esperándole.

When he came back to shore, the people were still waiting for him.

Jesús los recibió.

Jesus welcomed them.

Empezó a predicar y a curar a los enfermos.

He started to teach and heal the sick people.

Durante todo el día, Jesús habló con la multitud.
A la caída de la tarde, los apóstoles le dijeron a Jesús:
—Es tarde y esta gente está muy lejos de sus casas.

All day, Jesus spoke to the crowd.
When evening came, the apostles said to Jesus,
"It's late and these people are far from home.

74

Deberíamos dejar que se fueran para que compren comida.

We should send them away, so they can buy some food."

–Ustedes pueden darles de comer –contestó Jesús.

"You can give them some food," replied Jesus.

–¡Eso costaría mucho dinero! –protestaron.

"That would cost too much!" they grumbled.

—Vayan a ver cuánta comida tenemos —les dijo Jesús a sus apóstoles.

"Go and find out how much food we have," Jesus told his apostles.

Los apóstoles se metieron entre la multitud.
Regresaron con un niño que tenía
cinco panes y dos peces.

The apostles went off among the crowd.
They came back with a boy who had
five loaves and two fish.

—Cinco panes y dos peces. ¡Con eso sólo
llenamos un plato!

"Five loaves and two fish.
It's only enough to
fill one dish!"

—No va a ser suficiente para dar de comer a toda
la multitud —dijeron—. ¡Hay unas cinco mil personas!

"This won't be enough to feed the crowd," they said.
"There must be five thousand people!"

Jesús les dijo a sus apóstoles que sentaran a toda la gente en grupos. Jesús tomó los cinco panes y los dos peces y le dio las gracias a Dios por los alimentos.

Jesus told his apostles to sit everyone down in groups. Jesus took the five loaves and two fish and thanked God for the food.

Después repartió los alimentos en unos canastos
y le dio uno a cada apóstol.

Then he divided the food into baskets
for each of the apostles.

Los apóstoles repartieron
los alimentos entre la gente.

The apostles shared the food
amongst the people.

79

Todos comieron lo que quisieron.

Everyone ate as much as they wanted.

80

Una vez que todos terminaron de comer, los apóstoles recogieron los canastos.

After everyone had eaten, the apostles collected up the baskets.

Cuando regresaron, ¡los doces canastos estaban llenos de comida!

When they came back, the twelve baskets were full of food!

No podían creer lo que veían.

They couldn't believe their eyes.

Más tarde, Jesús les dijo a sus apóstoles que fueran al lago.
Iban a ir a un pueblo al otro lado del lago.

Later, Jesus and his apostles went down to the lake.
They were going to a town on the other side.

Los apóstoles se subieron al bote. Jesús se quedó atrás.

The apostles climbed into the boat.
Jesus stayed behind.

—Vayan ustedes adelante —les
dijo a los apóstoles.

"You go on ahead," he told the apostles.

—Yo tengo que hacer algo antes.

"I have something
I need to do first."

82

Por fin, la multitud se fue a sus casas. Jesús se sentó solo en la montaña para rezar.

At last, the crowd went home. Jesus sat alone on the mountain to pray.

Esa misma noche, más tarde, Jesús miró al lago.

Later that night, Jesus looked out over the lake.

84

El bote estaba alejado de la costa y se mecía de lado a lado.
The boat was now far from the shore, tossing this way and that.

Los apóstoles intentaban remar y luchaban contra el viento y las olas.
The apostles were struggling to row the boat,
fighting against the wind and the waves.

Todavía estaba oscuro cuando los apóstoles
vieron una figura que iba hacia ellos.

It was still dark when the apostles saw
a white figure coming towards them.

Estaban muy asustados.

They were terrified.

–¡Es un fantasma! –gritaron.

"It's a ghost!" they cried.

Pero era Jesús, que iba caminando sobre el agua.

But it was Jesus, walking on the water.

Jesús llamó a los apóstoles. –¡Sean valientes! ¡Soy yo!

Jesus called to the apostles, "Be brave! It's only me!"

–Señor, si eres tú –contestó Pedro–,
dime que vaya contigo al agua.

"Lord, if it's you," Peter replied,
"tell me to come to you on the water."

–Ven –dijo Jesús.

"Come," Jesus said.

Así que Pedro salió del bote y caminó por encima del agua hacia Jesús.
Pero tenía miedo y empezó a hundirse.

So Peter got out of the boat and walked on the water towards Jesus.
But he was scared and began to sink.

—¡Socorro! —gritó.

"Save me!" he cried.

89

Jesús estiró la mano y agarró a Pedro.
—¿Dudaste que Dios te salvaría? —preguntó Jesús.

Jesus reached out his hand and caught Peter.
"Did you doubt that God would save you?" Jesus asked.

Cuando volvieron a subir al bote, el viento cesó.
Los apóstoles estaban asombrados.

As they climbed back into the boat, the wind died down.
The apostles were amazed.

—Eres realmente el Hijo de Dios —le dijeron a Jesús.

"You really are the Son of God," they said to Jesus.

Siguientes pasos

Vuelve a mirar el libro para hablar de lo que has leído.

★ Copia las acciones. Haz lo que hacen los personajes: junta las manos para rezar; rema en el bote; haz como si te hundieras en el agua como Pedro.

★ Cuenta de cinco en cinco y de dos en dos. Cuenta dos peces, dos remos, cinco panes, cinco ovejas.

★ Nombra los colores. ¿De qué color es el gorro del niño? Busca ese color en las otras páginas.

★ Formas y tamaños. Busca los canastos y los peces grandes, pequeños y medianos.

Ahora que has leído la historia… ¿qué recuerdas?

★ ¿Por qué estaba triste Jesús?

★ ¿Cuánta gente había en la multitud?

★ ¿Qué alimentos encontraron los apóstoles?

★ ¿Cuántos canastos con comida había?

★ ¿Quién caminó sobre el agua?

★ ¿Cómo demostró la gente que confiaba en Jesús en la historia?

¿Cuál es el mensaje de la historia?

Debemos confiar en que Dios nos dará todo lo que necesitamos.

Next Steps

Look back through the book to find more to talk about and join in with.

★ Copy the actions. Do the actions with the characters—put your hands together to pray; row the boat; pretend you are sinking in the water like Peter.

★ Count in fives and twos. Count two fish, two oars, five loaves, five sheep.

★ Name the colors. What colors are in the boy's hat? Look back to spot the colors on other pages.

★ All shapes and sizes. Look for big, middle-size and small baskets and fish.

Now that you've read the story… what do you remember?

★ Why was Jesus sad?

★ How many people were in the crowd?

★ What food did the apostles find?

★ How many baskets of leftovers were there?

★ Who walked on the water?

★ How did people show they trusted God in the story?

What does the story tell us?

We should trust in God to give us all we need.

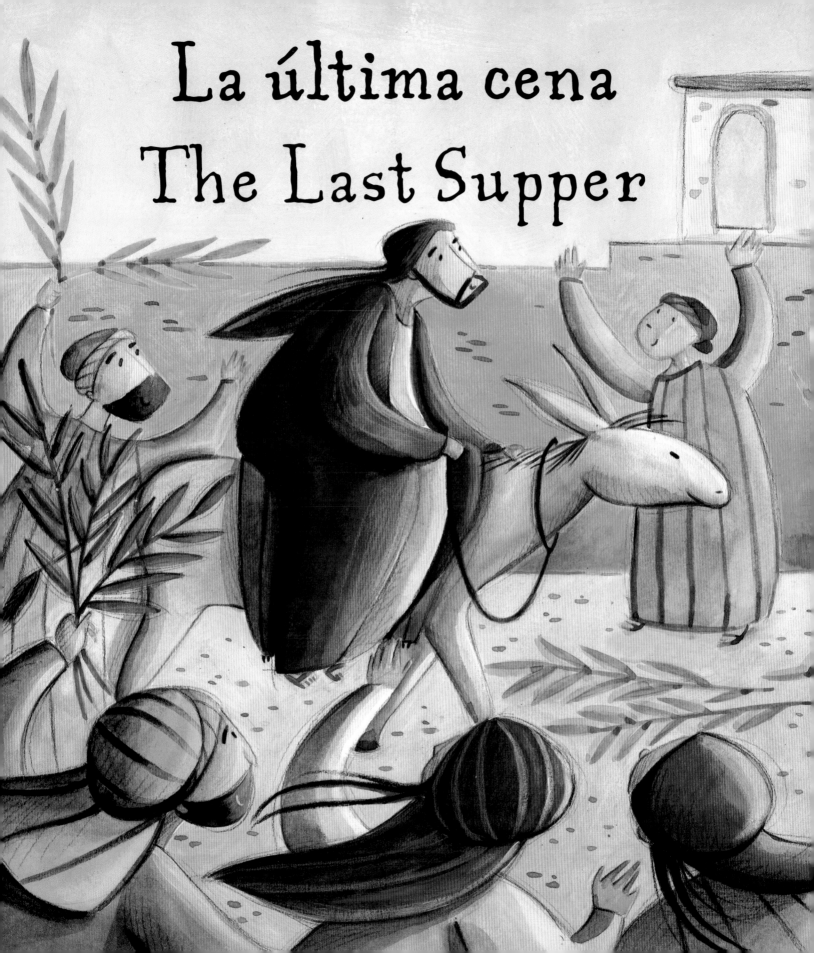

La última cena
The Last Supper

Era la fiesta de la Pascua. Jesús y sus apostoles iban de camino a Jerusalén. Jesús envió a dos apóstoles para que fueran delante.

It was the Passover holiday. Jesus and his apostles were on their way to Jerusalem. Jesus sent two apostles ahead.

−Busquen un burro joven −les dijo.
Los apóstoles encontraron un burro joven y se lo llevaron a Jesús.

"Find me a young donkey," he told them.
The apostles found a young donkey and brought it to Jesus.

Cuando Jesús entró en Jerusalén montado en el burro, la gente salió a recibirlo. Ponían palmas en el camino y daban júbilos de alegría.

As Jesus rode the donkey into Jerusalem, people came out to greet him. They spread palm leaves in his path and shouted for joy.

Hosanna

Jesús fue al templo a rezar. En todas partes,
había gente intercambiando dinero y vendiendo cosas.
Jesús se enojó mucho.

Jesus went to the temple to pray. All around,
people were changing money and selling things.
Jesus lost his temper.

–Este templo es para rezar –gritó Jesús–,
no para quitarle el dinero a la gente.
Derribó las mesas.

"This temple is for prayer," Jesus shouted,
"not for taking people's money."
He tipped over the tables.

La gente dio júbilos.
–¡Hosanna, el rey de los judíos ha
venido a Jerusalén para salvarnos a todos!

People cheered.
"Hosanna, the king of the Jews has come
to save all of Jerusalem!"

Hosanna

Cuando los sacerdotes oyeron que la gente daba júbilos por Jesús, les dio miedo. Pensaban que Jesús era demasiado popular y poderoso.

When the priests heard people cheering Jesus, they were afraid. They thought he was much too popular and powerful.

—Tenemos que deshacernos de él —decidieron los sacerdotes.
Pero Jerusalén estaba lleno de gente que había ido a celebrar la Pascua.
No querían problemas.

"We must get rid of him," the priests decided.
But Jerusalem was crowded for the holiday. They didn't want any trouble.

—Esperaremos a que termine la fiesta —asintieron—. Después lo atraparemos.

"We will wait until the holiday is over," they agreed. "Then we'll get him."

**Esa noche, los apóstoles se sentaron a cenar.
Jesús sabía que iba a ser su última cena juntos.**

That evening, the apostles sat down to eat.
Jesus knew that this would be
their last supper together.

Empezó a lavarle los pies a Pedro.

He began to wash
Peter's feet.

**Los apóstoles estaban
sorprendidos. Normalmente
eran los sirvientes los que
lavaban los pies a sus amos.**

The apostles
were surprised.
Usually servants
wash their
master's feet.

–¿Qué estás haciendo?
–preguntó Pedro.

"What are you doing?"
asked Peter.

–Te estoy mostrando que soy un sirviente de Dios –contestó Jesús–. Todos debemos recordar que somos sirvientes de Dios.

"I'm showing you that I am God's servant," Jesus replied. "We must all remember we are God's servants."

103

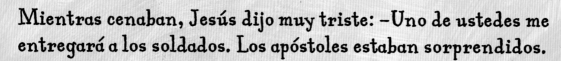

Mientras cenaban, Jesús dijo muy triste: –Uno de ustedes me entregará a los soldados. Los apóstoles estaban sorprendidos.

While they ate their supper, Jesus said sadly,
"One of you will hand me over to the soldiers."
The apostles were shocked.

–¡No seré yo! –dijeron todos.

"You can't mean me!" they all said.

—El que comparte este cuenco conmigo me traicionará
—contestó Jesús. Entonces Judás se dio cuenta de que era él.

"Whoever shares this bowl with me," replied Jesus,
"will betray me." Then Judas realized it was him.

—¿Soy yo? —preguntó.
—Tú lo has dicho —dijo Jesús.

"Is it me?" he asked.
"You have said so," said Jesus.

Mientras comían, Jesús tomó un pan. Le dio las gracias a Dios por el pan.

While they were eating, Jesus picked up some bread.
He thanked God for the bread.

Después dividió el pan y lo compartió con sus apóstoles.

Then he divided it up and shared it with his apostles.

—Coman esto —dijo Jesús—.
Es mi cuerpo.

"Eat this," said Jesus.
"This is my body."

Después Jesús tomó una copa de vino. Dio gracias por el vino y lo pasó a los demás.

Then Jesus took a cup of wine. He gave thanks for the wine and then passed it around.

—Beban esto —dijo.

"Drink this," he said.

—Esta es mi sangre derramada
para perdonar nuestros pecados.
Esta es la última vez que tomaré
vino en este mundo.

"This is my blood which is poured to
forgive our sins. This is the last drink
of wine I will have in this world."

Cuando terminaron el festín, fueron al Monte de los Olivos.

When they had finished their feast, they went to the Mount of Olives.

—Tengo un problema —dijo Jesús.

"I am in trouble," said Jesus.

110

—Deben permanecer callados y escondidos o ustedes
también se meterán en problemas.

"You will all have to keep quiet and out of sight,
or you'll be in trouble too."

—Yo nunca te abandonaré —contestó Pedro.

"I'll never leave you," Peter replied.

—Pedro, antes de que el gallo cante por la mañana —contestó
Jesús—, negarás que me conoces tres veces.

"Peter, before the rooster crows in the morning," Jesus
answered, "you will say you don't know me three times."

111

Pero Pedro no le creyó.
–Aunque tenga que morir, me quedaré a tu lado –dijo.

But Peter wouldn't believe it.
"Even if I have to die, I will stick by you," he said.

**Todos los apóstoles dijeron que defenderían
a Jesús pasara lo que pasara.**

All the apostles agreed that they would stand up
for Jesus no matter what happened.

**Y mientras todos los apóstoles
dormían, Jesús rezó.**

And while the apostles
went to sleep, Jesus prayed.

Siguientes pasos

Vuelve a mirar el libro para hablar de lo que has leído.

★ Copia las acciones. Haz lo que hacen los personajes: haz como si fueras en burro, haz como si comieras el pan y bebieras el vino.

★ Cuenta hasta doce. Cuenta las palmas, las palomas en el templo, los apóstoles en la última cena.

★ Nombra los colores. ¿De qué colores van vestidos los apóstoles? Busca esos colores en las otras páginas.

★ Formas y tamaños. Busca las velas grandes, medianas y pequeñas.

Ahora que has leído la historia... ¿qué recuerdas?

★ ¿En qué animal iba montado Jesús?

★ ¿Qué puso la gente en el suelo para recibir a Jesús?

★ ¿Por qué derribó Jesús las mesas?

★ ¿Qué simbolizan el pan y el vino?

★ ¿Quién entregará a Jesús a los soldados?

★ ¿Cómo se siente Judas cuando descubre que va a ser él el que traicione a Jesús?

¿Cuál es el mensaje de la historia?

Jesús era amado por la gente y temido por los sacerdotes.

Next Steps

Look back through the book to find more to talk about and join in with.

★ Copy the actions. Do the actions with the characters—pretend to ride on a donkey; pretend to eat the bread; pretend to drink the wine.

★ Count twelve. Count the palm leaves, the doves in the temple, the apostles at the last supper.

★ Name the colors. What colors are the apostles wearing? Look back to spot the colors on other pages.

★ All shapes and sizes. Look for a big, middle-size and small candle.

Now that you've read the story...what do you remember?

★ What animal did Jesus ride into Jerusalem?

★ What did people put on the ground in front of Jesus?

★ Why did Jesus tip over the tables in the temple?

* What did Jesus say about the bread and wine that he shared?

★ Who is going to hand Jesus over to the soldiers?

★ How does Judas feel when he finds out he is the one who will betray Jesus?

What does the story tell us?

Jesus was loved by the people but feared by the priests.

La historia de la Pascua
The Easter Story

Era una noche larga y oscura. Jesús tenía un gran problema.
Algunas personas habían dicho que él era el rey de los judíos
y al Rey no le gustaba.

It was a long, dark night. Jesus was in trouble. Some people said
he was the King of the Jews—the King didn't like it.

Mientras Jesús rezaba, Pedro, Santiago y Juan
estaban sentados debajo de los árboles vigilando.

While Jesus prayed, Peter, James, and John sat
under the trees keeping watch.

116

Pero, uno a uno,
se quedaron dormidos.

But, one by one,
they fell asleep.

117

Al amanecer, Jesús vio a otro apóstol que se acercaba. Era Judas e iba con una multitud armada con palos y espadas. Jesús despertó a sus apóstoles.

At sunrise, Jesus saw another apostle coming. It was Judas with a crowd carrying torches and swords. Jesus woke the apostles.

—Hola, amo —dijo Judas y besó a Jesús en la mejilla. Ahora los sacerdotes sabían cuál de ellos era Jesús.

"Hello, master," said Judas and kissed Jesus on the cheek. Now the priests knew which man was Jesus.

118

Arrestaron a Jesús. Pedro desenvainó su espada, pero Jesús le dijo que no luchara.

Jesus was arrested. Peter swung his sword, but Jesus told him not to fight.

Pedro, Santiago y Juan salieron corriendo.

Peter, James, and John ran away.

119

Llevaron a Jesús ante el sumo sacerdote. Pedro los había seguido y escuchaba desde una distancia segura. Pero alguien lo vio.

Jesus was taken to the chief priest. Peter had followed and was listening from a safe distance. But someone spotted him.

—Tú estabas con Jesús —dijeron.

"You were with Jesus," they said.

—No —dijo Pedro—. No le conozco. Pedro dijo tres veces
que no conocía a Jesús, tal y como Jesús dijo que haría.

"No I wasn't," said Peter, "I don't know him." Three times
Peter said he didn't know Jesus, just as Jesus had said he would.

Entonces, el gallo cantó. Pedro lloró
porque no había defendido a Jesús.

Then the rooster crowed and Peter cried
because he hadn't stood up for Jesus.

Los sacerdotes llevaron a Jesús a ver a Pilates, el governador romano.

The priests took Jesus to Pilate, the Roman governor.

–¿Eres tú el rey de los judíos? –le preguntó Pilates. Jesús no contestó.

"Are you the King of the Jews?" Pilate asked him. Jesus said nothing.

Pilates le preguntó a la multitud.

Pilate asked the crowd,

–¿Qué ha hecho?
¡No hizo daño a nadie!

"What has he done?
He's hurt no one!"

Pero la multitud estaba enojada.
—¿A quién debería dejar en libertad? —preguntó Pilates—.
¿A Barrabás, el asesino, o a Jesús, el rey de los judíos?

But the crowd was angry.
"Who shall I let go?" asked Pilate, "Barabbas,
the murderer, or Jesus, King of the Jews?"

—¡Deja a Barrabás en libertad!
—gritaron.
Pilates estaba sorprendido,
pero dejó a Barrabás en libertad.

"Let Barabbas go!"
they cried.
Pilate was amazed,
but he let Barabbas go.

123

La multitud se burló de Jesús y lo llevaron a una colina llamada el Calvario. Le pusieron una corona de pinchos en la cabeza.

The crowd made fun of Jesus as he was taken to a hill called Calvary. They put a crown of thorns on his head.

A Jesús le clavaron en una cruz de madera entre dos ladrones.
–Si eres el Hijo de Dios –dijo el ladrón malo–, ¿por qué no te salvas?

Jesus was nailed to a wooden cross between two thieves.
"If you are the Son of God," said the mean thief, "why don't you save yourself?"

–¿Qué ha hecho?
¡No hizo daño a nadie!
–dijo el ladrón bueno.

"What has he done?
He's hurt no one!"
said the kind thief.

Al mediodía, el cielo se puso oscuro. La oscuridad duró tres horas.

At midday, the sky went dark. The darkness lasted for three hours.

—Dios, perdónalos —gritó Jesús—. ¡No saben lo que hacen!

"God, forgive them," Jesus cried. "They don't know what they are doing!"

En ese mismo momento, la tierra tembló y Jesús se murió.

At the same moment, the earth rumbled and Jesus died.

Un soldado romano estaba de guardia. —Él era realmente el Hijo de Dios —dijo.

A Roman soldier was standing guard. "He really was the Son of God," he said.

Esa misma noche, un hombre llamado José llevó el cuerpo de Jesús a una tumba de piedra. Lavó a Jesús y le puso ropa limpia. Después rodó una losa muy pesada para cerrar la tumba.

That same evening, a man called Joseph took Jesus' body to a stone tomb. He washed Jesus and dressed him in clean clothes. Then he rolled a heavy stone over the opening of the tomb.

Unos soldados vigilaban la tumba.

Soldiers came to guard the tomb.

Durante todo ese tiempo,
las amigas de Jesús, María Magdalena y
María de Galilea, estaban observando.

All this time, Jesus' friends, Mary Magdalene
and Mary from Galilee, were watching.

Dos días más tarde, María Magdalena y
María de Galilea regresaron a la tumba.

Two days later, Mary Magdalene
and Mary from Galilee came
back to the tomb.

Los soldados se habían ido,
la losa se había movido ¡y la tumba
estaba vacía!

The soldiers had gone,
the stone was rolled back, and
the tomb was empty!

Un ángel resplandeciente dijo:
—No tengan miedo, Jesús está vivo.

A shining angel said, "Don't be afraid, Jesus is alive."

130

**Fueron corriendo a decírselo a los apóstoles.
Pero se encontraron a Jesús por el camino.**

They ran quickly to tell the apostles. But on the way, they met Jesus.

**–No tengan miedo –dijo Jesús–.
Me reuniré con los apóstoles en Galilea.**

"Don't be afraid," said Jesus.
"I will meet the apostles in Galilee."

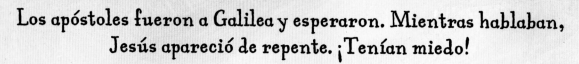

Los apóstoles fueron a Galilea y esperaron. Mientras hablaban,
Jesús apareció de repente. ¡Tenían miedo!

The apostles went to Galilee and waited. While they were talking,
Jesus suddenly appeared. They were frightened!

–¿Por qué tienen miedo? –preguntó Jesús–. ¡Soy yo!
Les mostró las cicatrices que tenía de la cruz en las manos y los pies.

"Why are you afraid?" asked Jesus. "It is me!"
He showed them the marks on his hands and feet from the cross.

–Vayan y díganle al mundo lo que Dios nos
ha enseñado: si hacemos algo mal, debemos
arrepentirnos. Si otras personas hacen algo
mal, debemos perdonarlos.

"Go and tell the world what God has
taught us: if we do bad things, we should
be sorry. If other people do bad things
we should forgive them."

133

Jesús llevó a los apóstoles a un lugar cerca de Betania.

Jesus led his apostles to a place near Bethany.

Levantó las manos y los bendijo.
Jesús los dejó y se lo llevaron al cielo.

He lifted up his hands and blessed them.
Jesus left them and was
taken up into heaven.

Los apóstoles viajaron por el mundo,
como Jesús les había pedido, para propagar
el mensaje de Dios.

The apostles went out into the world.
They spread God's message, just as Jesus
had told them.

Siguientes pasos

Vuelve a mirar el libro para hablar de lo que has leído.

★ Copia las acciones. Haz lo que hacen los personajes: reza, desenvaina la espada y mueve la losa.

★ Cuenta de cuatro en cuatro. Cuenta a Jesús, Pedro, Santiago y Juan; cuenta las tres mujeres y a Juan cerca de la cruz.

★ Nombra los colores. ¿De qué colores va vestida la gente? Busca esos colores en las otras páginas.

★ Formas y tamaños. Busca cosas grandes, medianas y pequeñas, gruesas y finas, largas y cortas.

Ahora que has leído la historia… ¿qué recuerdas?

★ ¿Quién llevó a la multitud donde estaba Jesús?

★ ¿Cuántas veces dijo Pedro que no conocía a Jesús?

★ ¿Qué le puso la multitud a Jesús en la cabeza?

★ ¿Cómo murió Jesús?

★ ¿Dónde enterraron a Jesús?

★ ¿Quién descubrió que Jesús estaba vivo?

¿Cuál es el mensaje de la historia?

Jesús nos enseñó que debemos perdonar a la gente y no culparlos.

Next Steps

Look back through the book to find more to talk about and join in with.

★ Copy the actions. Do the actions with the characters—pray; draw your sword; roll the heavy stone.

★ Count in fours. Count Jesus, Peter, James, and John, count four torches, count the three women and John by the cross, count four doves.

★ Name the colors. What color clothes can you see in the crowd? Look back to spot the colors on other pages.

★ All shapes and sizes. Look for big, middle-size and small trees.

Now that you've read the story… what do you remember?

★ Who led the crowd to Jesus?

★ How many times did Peter say that he didn't know Jesus?

★ What did the crowd put on Jesus' head?

★ How did Jesus die?

★ Where was Jesus buried?

★ Who found out first that Jesus was alive?

What does the story tell us?

Jesus showed us that we should forgive other people, not blame them.